I0008926

INDICE

BEM-VINDO A BORDO!

Originada em 1995 sob autoria de Rasmus Lerdorf e constantemente modificada, amadurecida e melhorada durante esses 20 anos de história *(Se você estiver lendo em 2015),* PHP ou Hipertext Preprocessor é uma linguagem de programação para a web *(Mas disso você já sabe, não é?).*

Criada inicialmente suportando apenas programação estruturada, em suas versões mais novas, que já nem são mais tão novas assim, o PHP passou a oferecer suporte completo à Orientação à Objetos, o que facilitou o desenvolvimento de Frameworks *(Conjunto de ferramentas para facilitar o desenvolvimento e deixar o código mais limpo)* e CMS *(Gerenciadores de Conteúdo)*, caindo na graça do público.

Estima-se que hoje haja mais de 240 milhões de sites desenvolvidos em PHP, destes, 60 milhões de websites utilizando Wordpress *(CMS desenvolvido em PHP)* no mundo, para não falar dos milhões de usuários de Magento e Opencart, duas ferramentas de e-commerce desenvolvidas em PHP e utilizadas em larga escala. Somente a comunidade do Wordpress já conta com mais de 35 mil plugins *(Aplicações à parte que adicionam ou modificam a funcionalidade original de uma outra aplicação maior).*

Com extensão .php e completamente integrado ao HTML, o PHP se tornou ainda mais poderoso conforme o HTML foi se desenvolvendo e misturando com tecnologias como CSS e Javascript. E graças ao último, JQuery e Ajax.

Para utilizar PHP no meio do seu código HTML, tudo que você vai precisar é das tags <?php e ?>! O suporte a diferentes bancos de dados permite que seus dados sejam armazenados e gerenciados, fazendo do PHP a minha linguagem de programação favorita, tenho certeza que será a sua também!

1

COMO COMEÇAR

Diferentemente do HTML, onde apenas seu navegador é suficiente para a mágica acontecer, no PHP é preciso ter um servidor.

Você pode transformar o seu computador em um servidor apenas instalando o Apache e em seguida o PHP, no entanto eu recomendo o WAMP *(Caso você use Windows)* ou o MAMP *(Caso você use Macintosh).* Ambos são pacotes de fácil instalação, que não requerem configuração e que possuem tanto Apache quanto PHP e até o MySQL *(Banco de dados).* Tanto WAMP quanto MAMP são gratuitos e podem ser encontrados no Google sem maiores problemas.

Embora você possa escrever códigos PHP no bloco de notas, eu recomendo que você utilize uma IDE como Netbeans ou Eclipse, no entanto, para os propósitos deste livro, você pode utilizar algo mais simples como o Notepad++ ou o PHP Editor. Os últimos não necessitam de nenhum tipo de configuração e são tão simples quanto utilizar o bloco de notas, entretanto com vantagens como indentação e cores, grandes facilitadores na leitura do seu código. Novamente, ambos são gratuitos e podem ser encontrados no Google.

Genericamente falando, dentro do diretório de todo servidor há uma pasta chamada "htdocs" ou "www" e é dentro dessa pasta que os arquivos PHP devem ser inseridos. Feito isso você precisa executar o servidor e acessar o endereço "http://localhost/" , se este não funcionar, é provável que o endereço "http://127.0.0.1".

Não vou entrar nos detalhes de como funciona um servidor pois não é este o objetivo do livro, entretando mais informações estão disponíveis na internet e são facilmente encontráveis. O mesmo vale para como utilizar o servidor, independente de qual você escolher, mais informações estarão disponíveis no site do mesmo.

Em adição, se um arquivo chamado "test.php" for criado dentro da pastas "www" ou "htdocs", poderá ser acessado através do endereço: "http://localhost/test.php".

VARIÁVEIS - PARTE I

"Um espaço na memória", talvez essa seja a melhor definição de variável e também a mais simples. Existem vários tipos de variáveis para armazenar diferentes tipos de dados *(Não se preocupe com isso agora),* programadores de outras linguagens podem achar isto estranho, pois em linguagens fortemente tipadas, a declaração do tipo de variável é obrigatória, por hora só pense que o PHP simplesmente "advinha" o tipo de variável que você quer.

Portanto, se você quiser salvar uma informação para usar depois, você precisa colocá-la em uma variável. Primeiro você precisa dar um nomeá-la, *aconselho nomes fáceis e que tenham a ver com o que está sendo armazenado*, procedido do sinal "=" e depois salvar o que você quer! Ah, e variáveis no PHP são precedidas de "$", e quase toda linha no PHP precisa terminar com ";" Confuso? Veja o exemplo:

```
1    <?php
2    $variavel = 1;
3    ?>
```

No exemplo acima estou atribuindo o número 1 à $variavel.

Como regra geral, você não pode nomear uma variável começando com números, mas pode usá-los em qualquer outra parte do nome.

Correto: $variavel1

Errado: $1variavel

Você pode utilizar letras maiúsculas, mas lembre-se $variavel é diferente de $Variavel ou de $VARIAVEL. Você também não pode utilizar caracteres especiais como tralhas, acentos e etc. O underline está fora da lista.

Agora observe o exemplo abaixo:

```
1   <?php
2   $variavel = "1";
3   ?>
```

Para os propósitos deste livro, não há diferença entre o primeiro e o segundo exemplo *(Se você quiser aprofundar seus estudos, ou já programar em outra linguagem saberá que existe uma grotesca diferença entre o primeiro e o segundo exemplo).* Por hora saiba apenas que o mesmo não funciona se você estiver lidando com texto.

Veja meu Netbeans acusando erro na linha:

```
1   <?php
2   $variavel_1 = Isto é um texto de exemplo;
3   $variavel_2 = "Isto é um texto de exemplo";
4   ?>
```

Lembre-se que as variáveis são temporárias, e que assim que outra página abrir, ela estará perdida para sempre!

LIDANDO COM FORMULÁRIOS

Dado um formulário cujo o código e representação visual são os abaixo:

Digite o primeiro número: [_____]

Digite o segundo número: [_____]

[Enviar dados]

```
<form action ="action.php" method ="post">
    <p>Digite o primeiro número: <input type ="text" name ="numero_1"/></p>
    <p>Digite o segundo número:<input type ="text" name ="numero_2"/></p>
    <p><input type ="submit"/></p>
</form>
```

Na primeira linha do exemplo acima, temos a parte mais importante do nosso HTML. Onde action é onde define-se o "alvo", para onde os dados do formulário serão enviados, em outras palavras, o arquivo action.php receberá os números digitados nos campos do exemplo. Method é o método que o formulário vai utilizar para enviar os dados para o arquivo definido no action. Para os propósitos deste lirvo, vamos apenas considerar os métodos POST e GET.

Em um resumo simplório, a diferença entre eles é que o GET vai ser exibido na URL e o POST não. Ao clicar no botão e submeter o formulário utilizando o método POST a url será "action.php", enquanto que no método GET algo como:

action.php?numero_1=10&numero_2=15

Considerando que eu tenha digitado 10 no primeiro campo e 15 no segundo.

Se considerarmos um arquivo action.php que queira tratar a informação digitada nesse formulário de alguma maneira, primeiro precisaríamos saber como "pegar" essa informação. *Que tal salvarmos em uma variável?*

Fato curioso sobre variáveis, o PHP pode gerar algumas pra você. Exemplo disso são as variáveis $_GET e $_POST. Toda vez que você utilizar o método POST em algum arquivo PHP, o PHP vai gerar a variável $_POST pra você e colocar toda a informação nela, o mesmo vale para quando utilizar o método GET.

Veja o exemplo abaixo, onde copio o numero_1 da variável do PHP e salvo na minha variável:

```php
<?php
$numero_1 = $_POST["numero_1"];
?>
```

Note que a variável é diferente das que vimos até agora, ela tem colchetes, aspas e um nome entre isso tudo, *não se preocupe com isso agora, já estamos chegando lá,* por hora só saiba que você só precisa substituir o texto que está entre aspas pelo nome do seu campo no HTML, por exemplo $_POST["teste"], caso existisse um campo cuja propriedade name fosse "teste". *Complicado? Tente você mesmo algumas vezes até fixar, tente fazer o mesmo com $_GET e depois continue a leitura normalmente.*

Utilize o comando echo, para exibir conteúdo na tela. Digamos que você queira exibir o número capturado pelo formulário do exemplo anterior, que nós salvamos na variável $numero_1:

```php
1  <?php
2  $numero_1 = $_POST["numero_1"];
3  echo $numero_1;
4  ?>
```

Desta forma você está capturando o número digitado no formulário, salvando em outra variável e exibindo na tela. Similarmente ao armazenamento de dados em variáveis, se for um número, ou outra variável, você não precisa utilizar aspas, se você quiser exibir um texto na tela, você vai precisar aspas!

Correto: echo "Olá mundo!";

Errado: echo Olá mundo;

Você também pode misturar textos e variáveis sem maiores problemas *quando utilizar aspas duplas*.

Por exemplo, se você digitar o número 10 no primeiro campo, e utilizar o seguinte código:

```php
1  <?php
2  $numero_1 = $_POST["numero_1"];
3  echo "O número digitado foi $numero_1";
4  ?>
```

Você obterá o resultado:

O número digitado foi 10

Entretanto, caso você utilize aspas simples:

```
1  <?php
2  $numero_1 = $_POST["numero_1"];
3  echo 'O número digitado foi $numero_1';
4  ?>
```

Você obterá o resultado:

O número digitado foi $numero_1

Dentre outras funções das aspas simples, a mais óbvia é permitir que você digite algo utilizando $ sem que o PHP pense que é uma variável. Caso você precise utilizar uma variável e aspas simples ao mesmo tempo, você pode utilizar concatenação. Concatenar, significa juntar duas coisas, a concatenação no PHP é feita com o uso do ".", como no exemplo:

```
1  <?php
2  $numero_1 = $_POST["numero_1"];
3  echo 'O número digitado foi ' . $numero_1;
4  ?>
```

Com o código acima, o resultado obtido será:

O número digitado foi 10

O echo também suporta código HTML, este caso o uso de aspas simples pode ser muito útil, como mostrado no exemplo a seguir:

```
1  <?php
2  $numero_1 = $_POST["numero_1"];
3  echo 'O número digitado foi <font color = "red">' . $numero_1 . '</font>';
4  ?>
```

Que resulta em:

O número digitado foi 10

Contudo, são raras as exceções em que eu utilizaria o código acima. O código abaixo fica muito mais clean, não concorda?

```
1  <?php $numero_1 = $_POST["numero_1"]; ?>
2  O número digitado foi <font color = "red"> <?php echo $numero_1; ?></font>
```

O resultado do código acima seria o mesmo, entretanto a leitura do mesmo é muito melhor. Uma outra alternativa seria utilizar o seguinte código:

```php
<?php $numero_1 = $_POST["numero_1"]; ?>
O número digitado foi <font color = "red"> <?= $numero_1; ?></font>
```

A shortag <?= pode substituir <?php echo e deixar o seu código ainda mais clean!

Salvas exceções, como regra geral é sempre mais organizado separar o HTML ao máximo do PHP, é bom ir se acostumando com isso desde o começo!

VARIÁVEIS - PARTE II

Como antes mencionado, existem vários tipos de variáveis, mas que você na condição de aluno principiante, não precisava se preocupar com isso, entretanto, os arrays, que são um tipo especial de variáveis, são tão diferentes das demais e tão úteis, que precisam de uma atenção especial.

Um jeito simples de ver arrays é pensar neles como listas. Em um array você pode armazenar diversos tipos de dados. Lembra do $_POST e do $_GET? Eles na verdade são arrays associativos *(Vamos chegar lá!)*.

Digamos que precisemos listar todos os carros que o cliente pode comprar em um dado sistema, tudo que precisamos fazer é:

```php
1  <?php
2  $carros = array("Celica", "New Civic", "Golf");
3  ?>
```

Agora digamos que você precise exibir na tela o primeiro elemento deste array:

```php
1  <?php
2  $carros = array("Celica", "New Civic", "Golf");
3  echo $carros[0];
4  ?>
```

Sim, o primeiro elemento é o 0 e não o 1, o segundo é o 1 e não o 2 e assim sucessivamente.

Agora digamos que você queira armazenar também o fabricante do automóvel, para que você possa identificar os carros por seus fabricantes. Você precisaria utilizar um array associativo, assim como o $_GET e o $_POST, que identificam o conteúdo pelo nome dos campos enviados pelo HTML. Lembra do nosso exemplo $_POST["numero_1"]? Veja o exemplo:

```php
1  <?php
2  $carros = array("Toyota"=>"Celica", "Honda"=>"New Civic", "Volkswagen"=>"Golf");
3  echo $carros["Honda"];
4  ?>
```

No exemplo acima, o resultado do echo, será:

New Civic

Desta forma eu posso exibir os carros usando sua marca como identificador, ao invés de números.

Importante dizer que os identificadores não podem se repetir e isso significa que o nosso sistema tem uma falha, pois o que acontece se houver mais de 1 carro da mesma marca? *Aguarde pelos próprios bat-capítulos, neste mesmo bat-livro.*

Retornando ao primeiro exemplo dos dois números, ele pode ser utilizado para várias operações matemáticas. *Espero que você ainda possua esse código à mão! Senão dê uma olhada no capítulo "Lidando com formulários".*

Os operadores matemáticos em PHP são + para somas, - para subtrações, * para multiplicações e / para divisões.

Com os conhecimentos que você já tem a este ponto, você será capaz de compreender perfeitamente o código abaixo. Senão conseguir, torne a ler os capítulos anteriores sobre formulários, variáveis e echo!

```php
1   <?php
2   $numero_1 = $_POST["numero_1"];
3   $numero_2 = $_POST["numero_2"];
4
5   $soma = $numero_1 + $numero_2;
6   ?>
7
8      <p>O primeiro número digitado foi <font color = "red"> <?= $numero_1; ?></font></p>
9      <p>O segundo número digitado foi <font color = "red"> <?= $numero_2; ?></font></p>
10     <p>A soma dos dois números é <font color = "red"> <?= $soma; ?></font></p>
```

Em um cenário onde o número 1 digitado é 10 e o número 2 digitado é 5, o resultado do código acima será:

O primeiro número digitado foi 10

O segundo número digitado foi 5

A soma dos dois números é 15

Agora tente você trocar o sinal de soma pelos outros operadores e veja os resultados obtidos, é divertido!

Ok nem tanto.

O código do exemplo anterior é maior do que os códigos vistos até agora e pode assustar a princípio, mas você já tem conhecimento o bastante para torná-lo menor. *E talvez mais confuso, mas perfeitamente correto.*

Observe o exemplo:

```
1  <p>O primeiro número digitado foi <b><?= $_POST["numero_1"]; ?></b>
2  e o segundo número foi <b> <?= $_POST["numero_1"]; ?></b>
3  e a soma deles é <b> <?= $_POST["numero_1"] + $_POST["numero_1"]; ?></b></p>
```

Reserve um tempo para observar o código acima e tentar compreendê-lo completamente. *Lembre-se, você já tem conhecimento suficiente para compreendê-lo, caso precise revistar algum material anterior, não hesite!*

Importante lembrar que você não é limitado a uma operação matemática por linha, você poderia perfeitamente fazer uma conta como

($numero_1 + $numero_2) * $numero_1.

Os parênteses no exemplo tem a mesma função que na matemática, no caso, a operação de soma será priorizada. Assim como na matemática, a multiplicação normalmente toma precedência sobre as demais, a não ser que haja parênteses para indicar o contrário.

CONDIÇÕES

Hora de dar lógica a tudo!

As condições permitem dar lógica ao código, graças a combinação de operadores lógicos, if, else, elseif e switch, as opções são ilimitadas! *Talvez este seja o maior capítulo do livro, e com certeza o mais importante. Recomendo que seja lido de uma vez, então se você não está com tempo para lê-lo de uma vez, eu recomendo que você descanse e retorne depois!*

OPERADORES DE COMPARAÇÃO

Primeiramente, dê uma boa olhada nos operadores de comparação, os mais importantes são:

- **==** Igual a
- **>** Maior que
- **<** Menor que
- **>=** Maior ou igual a
- **<=** Menor ou igual a
- **!=** Diferente de

Eles sozinhos não tem muito poder, entretanto quando unidos a condicionais, fazem toda a diferença. Vale ressaltar a diferença entre o "=" *(Que tem a função de atribuir um valor à algo)* anteriormente visto e o "==" *(Que tem a função de comparar algo à outra coisa)*.

IF

A coisa mais importante que você vai aprender em qualquer linguagem de programação, o condicional If. Cuja tradução é "Se".

Acredito que a melhor forma de ensinar o If e explicá-lo, é mostrá-lo em funcionamento. Observe o exemplo a seguir, que também utiliza os campos numero_1 e numero_2:

```php
1   <?php
2   $numero_1 = $_POST["numero_1"];
3   $numero_2 = $_POST["numero_2"];
4   $resultado = 0;
5   if ($numero_1 > $numero_2){
6       $resultado = $numero_1 + $numero_2;
7   }
8
9   echo $resultado;
10  ?>
```

As linhas 1, 2 e 3 não tem muita novidade, apenas atribuímos os valores do $_POST em suas devidas variáveis. Pulando para a linha 5, onde lemos:

Se a variável numero_1 for maior que a variável numero_2, faça.

Simplesmente tudo que estiver entre as chaves, somente será executado caso a condição seja atendida, caso não contrário o PHP pulará todo o bloco da condição e não executará nada.

Na linha 9, eu exibo o resultado salvo na variável $resultado, entretanto, o que acontece quando a condição não for atendida? *Exibe-se 0, já que eu setei esse valor à variável anteriormente à condição.*

Atribuindo o valor 0 à variável $resultado antes da condição, eu garanto que ela sempre exista na hora que o echo a tente usar, evitando erros. Caso a condição seja atendida, o 0 será substituído pelo resultado da multiplicação.

ELSE

O else, cuja leitura é "caso contrário", é um grande facilitador! Entenda o motivo:

```
1    <?php
2    $numero_1 = $_POST["numero_1"];
3    $numero_2 = $_POST["numero_2"];
4
5    if ($numero_1 > $numero_2){
6        $resultado = $numero_1 - $numero_2;
7    }
8
9    if ($numero_1 <= $numero_2){
10       $resultado = $numero_1 + $numero_2;
11   }
12
13   echo $resultado;
14   ?>
```

Não se assuste com o tamanho do código, em breve você vai se acostumar a trabalhar com códigos muito maiores.

Note que desta vez eu não setei a variável $resultado, pois não importa o que eu faça, quando o PHP chegar na linha do echo, o $resultado vai estar setado de um jeito ou de outro! Leiamos a linha 5 e a linha 9, respectivamente:

Se a variável numero_1 for maior que a variável numero_2, faça.

Se a variável numero_1 for menor ou igual que a variável número_2, faça.

Em resumo, se o $numero_1 for maior que o $numero_2, eu os subtraio, caso seja menor ou igual eu os somo. *Viu?* Não importa o que eu faça, resultado vai estar sempre setado, mas você precisa concordar que o código abaixo seria muito mais inteligente e simples:

```
1    <?php
2    $numero_1 = $_POST["numero_1"];
3    $numero_2 = $_POST["numero_2"];
4
5 ⊟  if ($numero_1 > $numero_2){
6        $resultado = $numero_1 - $numero_2;
7 ⊟  }else{
8        $resultado = $numero_1 + $numero_2;
9 ⌞  }
10
11   echo $resultado;
12   ?>
```

Menos código e o mesmo sentido, confira a leitura das linhas 5 e 7 respectivamente:

Se a variável numero_1 for maior que a variável numero_2, faça.

Caso contrário, faça.

ELSE IF

O else if é uma junção do else com o if e permite inserir mais de uma condição na mesma lógica. Como no exemplo:

```
1    <?php
2    $numero_1 = $_POST["numero_1"];
3    $numero_2 = $_POST["numero_2"];
4
5 ⊟  if ($numero_1 > $numero_2){
6        $resultado = $numero_1 - $numero_2;
7 ⊟  }else if ($numero_1 == $numero_2){
8        $resultado = $numero_1 + $numero_2;
9 ⊟  }else{
10       $resultado = $numero_1 * $numero_2;
11 ⌞ }
12
13   echo $resultado;
14   ?>
```

18

No exemplo acima, as linhas 5, 7 e 9 são lidas respectivamente:

Se a variável numero_1 for maior que a variável numero_2, faça.

Caso contrário, se a variável numero_1 for igual à variável numero_2, faça.

Caso contrário, faça.

Resumidamente, caso o numero_1 seja maior que o numero_2, o primeiro bloco se executará, caso o numero_1 seja igual ao numero_2 o segundo bloco se executará, caso nenhuma das condições seja atendida e neste caso a única possibilidade é caso o numero_1 seja menor que o numero_2, o terceiro bloco será executado.

OPERADORES LÓGICOS

Os operadores lógicos dão ainda mais força aos condicionais, para os propósitos deste livro, apenas o OR e AND são importantes.

- **OR** Ou
- **AND** E

COMPARAÇÕES MÚLTIPLAS E COMENTÁRIOS

O If também pode ser utilizado para comparar mais de um item, e é para isso que servem os operadores lógicos apresentados acima.

No exemplo a seguir, de um suposto formulário cujo um dos campos se chamava idade, há uma excelente representação do uso do operador lógico and:

```
1   <?php
2   // recebe idade
3   $idade = $_POST["idade"];
4
5   // idade menor que 16
6   if ($idade < 16){
7       echo "Ainda não exerce o direito do voto";
8   }
9   // idade maior ou igual a 16 e menor que 18
10  if (($idade >= 16) and ($idade < 18)){
11      echo "Voto facultativo";
12  }
13  // idade maior ou igual a 18 e idade menor que 65
14  if (($idade >= 18) and ($idade < 65)){
15      echo "Voto obrigatório";
16  }
17  // idade maior ou igual a 65 anos
18  if ($idade >= 65){
19      echo "Isento";
20  }
```

No exemplo acima utilizamos o and para executar comparações múltiplas por duas vezes, primeiro para verificar se a idade era menor ou igual a 16 e *também* menor que 18. E depois, na linha 14 para verificar se a idade é maior ou igual a 18 e menor que 65.

Note que para as condições múltiplas, cada condição foi isolada em seu devido parênteses e ambas circundadas por parênteses. *Particularmente acho muito mais organizado assim.*

Repare que no exemplo acima temos partes em cinza que são precedidas de //. Isto são comentários. Comentários geralmente são utilizados como forma de organização para que em uma rápida leitura você saiba o que aquele código está fazendo. Comentários não são lidos pelo PHP, sendo completamente ignorados pelo mesmo. Utilizar // é uma das formas de comentar seu código.

Para exemplificar o or, imagine o mesmo formulário, só que agora só queremos que o sistema informe se a pessoa é obrigada a votar ou não, sem informação adicional alguma. Veja:

```php
1   <?php
2   // recebe idade
3   $idade = $_POST["idade"];
4
5   // idade menor que 18 ou maior ou igual que 65
6   if (($idade < 18) or ($idade >= 65)){
7       echo "Não é obrigado";
8   }else{
9       echo "Obrigado a votar";
10  }
```

Bem simples não é? A prática é importante para clarear seu entendimento nesta parte, pratique!

Embora os exemplos do livro se atenham à duas condições por If, você pode ter quantas condições precisar, inclusive aninhá-las colocando uma condição dentro da outra.

Antes de você prosseguir para o Switch eu recomendo fortemente que você retorne para o começo do If e releia pelo menos mais uma vez.

SWITCH

Uma vez que você esteja recuperado do dano cerebral causado pelo exemplo anterior, prossiga a leitura.

Dependendo da quantidade de itens a serem considerados, o If sozinho ou em conjunto com else if pode se tornar confuso. Na teoria toda vez que os If se tornarem confusos e as comparações se resumirem a checar se uma variável é igual a algo, recomenda-se utilizar o Switch.

Veja um exemplo, onde nomes de usuário são enviados através de um campo chamado username:

```php
1   <?php
2   $username = $_POST["username"];
3
4   switch ($username){
5       case "eduardo":
6           echo "Administrador";
7           break;
8       case "john":
9           echo "Usuário";
10          break;
11      case "michael":
12          echo "Usuário";
13          break;
14      default:
15          echo "Não encontrado";
16  }
```

O código switch serve para indicar qual será alvo da comparação, neste caso, a variável $username. Case, lê-se "caso", portanto a linha 5 é lida da seguinte maneira:

Caso $username seja Eduardo

Caso a condição seja atendida, todo o bloco entre os dois pontos e break, será lido. À parte de situações muito específicas *que não iremos abordar*, o break deve ser sempre utilizado. Não há necessidade de uso do break no default. O bloco default é o bloco que é executado quando nenhuma das condições é atendida, no exemplo dado, sempre que não for digitado nem "eduardo", nem "john" e nem "michael".

Você acabou de terminar o capítulo mais importante do livro, parabéns! Tudo que você aprendeu até agora precisa estar bem claro na sua cabeça, uma vez que vamos avançar para temas que irão fazer uso de exemplos que abordam todo os temas vistos até agora.

Revise quantas vezes forem necessárias antes de avançar, entretanto somente revisões talvez não sejam suficientes, tente reproduzir os exemplos dados pelo livro copiando, depois tente fazê-los sozinho e por fim, invente atividades e desafie-se aumentando a dificuldade aos poucos.

FUNÇÕES - PARTE I

Resumidamente, função em PHP é um código para executar outro trecho de código. *Confuso?* Você já deve ter reparado que os códigos que vimos até agora são executados linearmente de cima para baixo, da primeira linha até a última. Se no nosso código tivermos uma função, podemos inverter essa ordem, ou ainda, executar o meio no fim, o fim no meio e etc. *Confuso?* Basicamente as funções são divididas em duas partes, a criação e a invocação/execução, sendo que a segunda parte pode ser realizada infinitas vezes. Vamos entrar em detalhes nisso posteriormente, para o momento, mantenha esse conceito abstrato na cabeça e saiba que funções são extremamente úteis, e que toda função que você execute no seu código tem de ter sido previamente criada, mesmo que não por você. *Mais confuso ainda?*

Talvez você esteja se perguntando por qual razão você gostaria de executar o meio do seu código no fim, e o fim no começo ou no meio, mas não é bem assim. A grande vantagem das funções é que como antes mencionado, elas podem ser executadas ilimitadas vezes, então supondo que você tenha uma parte do seu código que se repete duas vezes ou mais, seria inteligente e uma boa prática, criar uma função e chamá-la duas vezes. *Se o seu cérebro estiver derretendo neste momento, faça uma pausa para um café e não se preocupe, não vemos criar funções, ainda.*

O fato de que o mesmo código pode ser executado diversas vezes facilita também a distribuição do código, fazendo com que programadores codifiquem rotinas clássicas que todo programador precisa e distribuindo na internet, desta forma, outros programadores só precisam efetuar a chamada para essa função previamente codificada por outro programador.

Se aproveitando disso, o PHP possui diversas funções nativas, que você nem se quer pode ver onde estão, mas que estão disponíveis para você utilizar.

O comportamento normal de uma função possui a seguinte ordem: Receber dados, processá-los e retornar um resultado.

Chega de teoria.

Supondo um formulário HTML com um campo chamado "nome", que envia dados através do método post para um código PHP, veja o exemplo:

```php
1   <?php
2   $nome = $_POST["nome"];
3
4   $qtdLetras = strlen($nome);
5
6   echo "Seu nome possui $qtdLetras letras";
```

A função nativa strlen conta caracteres. Repare que ela não foi criada em momento nenhum no código. Repare também que o conteúdo a ser processado foi enviado entre parênteses após o nome da função, é assim que se invoca/executa uma função. *Não se preocupe se não entendeu completamente, teremos mais exemplos.*

O código acima também poderia ter sido representado da seguinte maneira:

```php
1   <?php
2   $nome = $_POST["nome"];
3
4   echo "Seu nome possui " . strlen($nome) . " letras";
```

Ou ainda:

```php
1   <?php
2   echo "Seu nome possui " . strlen($_POST["nome"]) . " letras";
```

Em todos os casos, se o nome fosse "Eduardo", obteríamos o resultado abaixo:

Seu nome possui 7 letras

Não há limites para o que você pode fazer com o resultado da função, você não precisa necessariamente escrever, você poderia fazer algo como no exemplo abaixo:

```php
<?php
if (strlen($_POST["nome"]) > 5){
    echo "Seu nome possui mais de 5 caracteres, legal!";
}else{
    echo "Seu nome é bem curto, né?";
}
```

Acima nós checamos se o tamanho do nome é maior que 5 caracteres.

ALGUMAS FUNÇÕES ÚTEIS E EXEMPLOS

strtolower() Transforma todos os caracteres em letras minúsculas.

strtoupper() Transforma todos os caracteres em letras maiúsculas.

Ambos os exemplos acima são utilizados de forma similar ao strlen, passa-se um parâmetro entre parênteses e recebe-se um resultado. Exemplo:

```php
<?php
echo strtoupper($_POST["nome"]);
```

Caso fosse enviado o valor "Eduardo", o resultado seria:

EDUARDO

date() Exibe a data atual, mas precisa de informação sobre o resultado desejado. Caso queira-se exibir algo como "31/05/1991", o código seria:

```php
<?php
echo date("d/m/Y");
```

Para detalhes sobre como utilizar o date, acesse:
http://php.net/manual/en/function.date.php

Aliás, o PHP.net possui uma lista de todas as funções nativas do PHP, bem como documentação sobre como utilizá-las, vale a pena checar lá sempre que tiver uma dúvida!

Vamos agora ver um exemplo de uma função que recebe 3 parâmetros ao invés de 1, **str_replace()**:

```php
1  <?php
2  $navegador = "O melhor navegador é o Firefox";
3
4  $navegador = str_replace("Firefox", "Chrome", $navegador);
5
6  echo $navegador;
```

O str_replace procura um valor e o substitui. O primeiro **parâmetro**, que enviamos determina o que é para ser procurado, o segundo é o que substituirá e o terceiro é o local a ser procurado. No caso do exemplo acima o resultado seria:

O melhor navegador é o Chrome

Não pretendo bombardear você com um monte de funções extremamente úteis, mas que você vai provavelmente esquecer em 5 minutos, ao contrário, quero que você limpe a sua mente, pois agora vamos queimar neurônios entendendo os loops! Voltaremos ao assunto em breve e mais algumas funções lhe serão apresentadas em exemplos ao decorrer do livro.

LOOPS

For, Foreach e While, são os três tipos de loop mais comuns, todos tem a função de executar o mesmo pedaço de código diversas vezes, porém cada um tem sua particularidade.

FOR

O For normalmente é utilizado quando temos controle sobre quantas vezes o trecho de código deve ser executado.

O For divide-se em três partes, a primeira onde iniciliza-se o contador, a segunda onde efetua-se a lógica que determina a continuidade ou a finalização do loop e a terceira onde incrementa-se o contador.

No exemplo abaixo, inicializamos o contador em 1, para isso utilizamos a variavel $i, poderiamos ter usado qualquer variável para isso, dado qualquer nome a ela e começado em qualquer número. Em seguida comparamos se a variável é menor ou igual a 10, caso seja, o trecho de código será executado, caso não, o código para. Por último incrementamos + 1. *Aqui compilamos tudo que você aprendeu até agora e utilizamos no For, com exceção do $i++, que é o mesmo que $i=$i+1*

```php
<?php
for ($i = 1; $i <= 10; $i++) {
    echo $i;
}
```

O resultado do código acima é:

12345678910

Em síntese, o loop foi executado até que a condição não foi mais atendida, ou seja, quando o $i atingiu 11, o código não executou mais.

Complicado? Desafie-se e tente escrever um código para exibir todos os números ímpares até 20 e por uma linha entre um e outro, sem olhar o exemplo abaixo. Caso consiga, significa que você entendeu perfeitamente, caso sinta dificuldade, dê uma espiadinha no código logo abaixo:

```php
<?php
for ($i = 1; $i < 20; $i=$i+2) {
    echo $i . "<br/>";
}
```

O resultado do script acima é:

1
3
5
7
9
11
13
15
17
19

No código acima, iniciamos a variável em 1, executamos enquanto a variável $i foi menor que 20, e a cada vez que executamos, adicionamos 2 à $i, dessa forma, como começamos com número ímpar, só obtemos números ímpares até o fim. *Se você conseguiu fazer sozinho, parabéns!*

Bônus: Da mesma forma que o "++" adiciona 1 à variável, "--" reduz 1. Em resumo, do mesmo jeito que $i++ é igual à $i = $i + 1, $i-- também é igual à $i = $i – 1.

FOREACH

O Foreach tem a função de percorrer por todos os items de um array e executar um trecho de código enquanto faz isso.

```
1    <?php
2    $carros = array("Celica", "New Civic", "Golf");
3
4    foreach ($carros as $carro){
5        echo $carro . "<br/>";
6    }
```

No exemplo acima, obtemos o resultado:

Celica
New Civic
Golf

O Foreach precisa de 2 parâmetros, o primeiro um array e o segundo um nome de variável qualquer. O valor do segundo parâmetro se modificará a cada vez que o trecho de código for executado e o array percorrido. Por exemplo, no array acima, a primeira vez que o Foreach executa, a variável $carro irá receber "Celica", a segunda "New Civic" e por fim "Golf".

A maioria das vezes que você precisar listar os items de um array, o foreach será seu melhor amigo.

WHILE

Igualmente ao For, o While também verifica uma determinada condição e apenas continua se ela for verdadeira. Veja o exemplo abaixo:

```
1    <?php
2    $validador = "";
3    $contador = 1;
4    while ($validador != "12345"){
5        $validador = $validador . $contador;
6        echo "O contador está em $contador ";
7        echo "O validador é igual a $validador <br>";
8        $contador++;
9    }
```

O resutado do exemplo acima é:

O contador está em 1 O validador é igual a 1
O contador está em 2 O validador é igual a 12
O contador está em 3 O validador é igual a 123
O contador está em 4 O validador é igual a 1234
O contador está em 5 O validador é igual a 12345

O exemplo não possui grande funcionalidade tecnicamente falando, entretanto exemplifica bem o uso do While, o código dentro do loop foi executado até o momento em que a condição foi atendida, quando a condição deixou de ser atendida ($validador foi igual a 12345), o código parou de ser executado.

Antes de avançar, é importante que você tenha entendido o conceito de loops, não importa muito se você não consegue usar ou ver muita utilidade ainda, pois haverá outros exemplos nos próximos capítulos, mas é importante que o conceito e as diferenças de cada tipo estejam bem fixadas.

Até agora você só foram mostrados arrays com uma profundidade, no entanto os arrays podem possuir profundidade infinita. No último exemplo de arrays, foi utilizado um array com diversas marcas de carro, imagine um cenário onde é necessário utilizar a mesma variável para também armazenar as especificações técnicas dos carros.

Veja o seguinte exemplo:

```php
<?php
$carros = array("Celica"    => array("Motor 2.0", "6 marchas"),
                "New Civic" => array("Motor 1.8", "5 marchas"),
                "Golf"      => array("Motor 1.6", "5 marchas"));
```

No exemplo acima há um array dentro do outro, pode-se inserir um array em outro, e este mesmo array em outro e assim sucessivamente enquanto for conveniente. O exemplo acima pode ser substituído pelo abaixo:

```php
<?php
$carros = array("Celica", "New Civic", "Golf");
$carros[0] = array("Motor 2.0", "6 marchas");
$carros[1] = array("Motor 1.8", "5 marchas");
$carros[2] = array("Motor 1.6", "5 marchas");
```

Utilizando o anteriormente aprendido, foreach, podemos "passear" pelo array e facilmente listá-lo.

Como o exemplo possui duas camadas de array, os modelos de carro agora passaram a ser chaves de array ou array keys, e com uma leve modificação no foreach, poderemos acessá-los também, veja o exemplo completo:

```php
1    <?php
2    $carros = array("Celica"    => array("Motor 2.0", "6 marchas"),
3                    "New Civic" => array("Motor 1.8", "5 marchas"),
4                    "Golf"      => array("Motor 1.6", "5 marchas"));
5
6    foreach ($carros as $chave=>$carro){
7            echo "<b>" . $chave . "</b><br/>";
8            foreach ($carro as $descricao){
9                    echo $descricao . "<br/>";
10           }
11
12   }
```

Note também que foram precisos 2 foreaches, um para cada camada. O exemplo acima proporciona o seguinte resultado:

Celica
Motor 2.0
6 marchas
New Civic
Motor 1.8
5 marchas
Golf
Motor 1.6
5 marchas

Trabalhar com várias camadas de array pode ser confuso, recomendo releitura desde capítulo e alguma prática antes de avançar para o próximo. Modifique o exemplo e faça testes para sanar possíveis dúvidas.

Já foi visto o que são funções, *e é importante que este conceito tenha sido bem entendido antes de você continuar*, agora vamos aprender a criar as nossas próprias funções. Por boa prática, uma função deve ser criada toda vez que for preciso executar um mesmo código mais de uma vez.

Nesta parte da explicação, os iniciantes acabam por confundir o conceito de função com o conceito de loop, que é algo completamente distinto. Um loop executa um trecho de código repetidas vezes na mesma hora, enquanto que uma função é um trecho de código que pode ser repetido em qualquer parte do seu programa – inclusive dentro da própria função! – em programas maiores, o mesmo trecho de código pode ser executado diversas vezes em diferentes momentos.

Você pode utilizar qualquer código dentro de uma função, inclusive outras funções, loops, condições e como já dito, até mesmo a própria função. O ato de invocar uma função dentro dela mesma é chamado recursão, não vamos entrar em detalhes sobre isso, mas é importante saber.

É importante também dizer que tudo que acontece dentro de uma função fica dentro dela mesma, a não ser que seja feito sair. Você pode até mesmo utilizar nomes de variáveis que estejam sendo usados livremente no seu programa ou dentro de outras funções, pois as variáveis não são compartilhadas.

No nosso primeiro exemplo vamos criar uma função para efetuar operações matemáticas de subtração ou soma, com dois números, de acordo com a vontade do usuário.

```php
1   <?php
2   echo calcular(10, 15, "somar");
3   echo "<br/>";
4   echo calcular(1, 2, "somar");
5   echo "<br/>";
6   echo calcular(12, 2, "subtrair");
7
8   function calcular($numero1, $numero2, $acao){
9
10      if ($acao == "somar"){
11          $resultado = $numero1 + $numero2;
12      }elseif ($acao == "subtrair"){
13          $resultado = $numero1 - $numero2;
14      }else{
15          $resultado = "Operação não suportada";
16      }
17
18      return $resultado;
19
20  }
```

O resultado do código acima é:

25
3
10

Para declarar uma função, utiliza-se o function e em seguida a nomea-se a mesma. O nome utilizado é o mesmo que será digitado para invocar a função. Acima construimos uma função chamada calcular, que suporta 3 parâmetros. Neste caso, para a função acima funcionar, ela necessita ser invocada com 3 parâmetros, se nenhum parâmetro for enviado ou se o número errado de parâmetros for enviado, o PHP encontrará um erro.

O código return faz com que o $resultado seja enviado para o escopo original do programa, sem ele nada sairia desta função e a variável $resultado se perderia para sempre.

Acompanhe o próximo exemplo:

```php
1   <?php
2   $res1 = calcular(2, 0);
3   $res2 = calcular(4, 2, "somar");
4   $res3 = calcular(3, 1, "subtrair");
5   echo "$res1<br/>$res2<br/>$res3";
6
7   function calcular($numero1, $numero2, $acao="somar"){
8
9       if ($acao == "somar"){
10          $resultado = $numero1 + $numero2;
11      }elseif ($acao == "subtrair"){
12          $resultado = $numero1 - $numero2;
13      }else{
14          $resultado = "Operação não suportada";
15      }
16
17      return $resultado;
18
19  }
```

Neste exemplo, o resultado de calcular e foi sendo armazenando em diferentes variáveis, depois exibido. Veja o resultado:

2
6
2

Cabe também ressaltar que agora o terceiro parâmetro se tornou um parâmetro arbitrário. Com a pequena alteração que foi feita na declaração da função, agora toda vez que a variável for chamada sem o terceiro parâmetro, ele será automaticamente setado para "somar", se o parâmetro for passado, ele será utilizado normalmente.

INCLUDES

Ao expandir a complexidade do código é uma boa prática separar o código em partes menores, cada parte se tornando responsável por um determinado "pedaço" do programa.

Um boa forma de separar é dividindo em arquivos, cada arquivo ficaria então responsável por um pedaço do programa. Mas para isso é necessário por esses arquivos juntos de alguma forma, e é isso que o include faz.

A sintaxe do include é muito simples, veja o exemplo:

```
1  <?php
2  include("minhas_funcoes.php");
```

O exemplo acima pode ser utilizado em um programa cujo código principal está em um arquivo e funções estão em outro. Em programas de pequena escala esta organização é mais do que suficiente, entretanto em casos de programas maiores, para se manter a organização, seriam necessários vários arquivos, um para cada tipo de função ou pedaço do programa.

SESSIONS

Ao fim deste capítulo você será capaz de criar um sistema login, permitindo assim que você crie um painel que é acessível apenas para usuários logados no seu sistema. O jeito mais comum de fazer algo assim é utilizando sessions.

As sessions permitem salvar variáveis para utilização posterior. A variável continuará disponível mesmo após o arquivo onde a variável está ser fechado e outra página aberta, o usuário pode até fechar e abrir o navegador ou ir para outro site.

Elas não são compartilhadas entre navegadores, ou seja, uma session disponível no chrome não estará disponível no firefox, e elas ficam disponíveis apenas por um período definido de tempo, que por padrão é de 20 minutos.

SESSION_START()

Utiliza-se session_start() no topo de todas as páginas nas quais deseja-se utilizar sessions. Utilizar no topo dos arquivos pode evitar diversos problemas indesejáveis.

$_SESSION

Similar ao $_GET e ao $_POST, o $_SESSION também é um array. Você pode criar uma chave nele e armazenar qualquer dado dentro, e este dado estará disponível em seguida. Se utilizado sem o session_start(), não retornará nada, mesmo que você já tenha salvo algo em session anteriormente. *Não se preocupe, o exemplo está chegando.*

SESSION_DESTROY()

Apaga todas os dados armazenados na session. Assim como qualquer coisa que se relaciona a sessions, precisa ser utilizado depois do session_start();

EXEMPLO – LOGIN E LOGOUT

Embora seja recomendável que você digite o código por razoes de memorização, os arquivos estão disponíveis para download em:

http://www.eduardoleoni.com.br/files/livro_login_com_sessions_exemplo.zip

Se por algum motivo você não conseguir montar o programa apenas copiando do livro, baixe os arquivos e os compare com os seus para encontrar o erro.

Esse exemplo é bem maior do que os anteriores, desafie-se e tente entendê-lo por completo!

Comece criando o arquivo funcoes.php, cujo código é:

```php
1   <?php
2   function checaSeEstaLogado(){
3
4       if (isSet($_SESSION["usuario"])){
5           return true;
6       }else{
7           return false;
8       }
9
10  }
11
12  function validaCredenciais($usuario, $senha){
13      if (($usuario == "admin") && ($senha == "123456")){
14          return true;
15      }else{
16          return false;
17      }
18
19  }
20
21  function fazerLogin($usuario, $senha){
22
23      $valida = validaCredenciais($usuario, $senha);
24      if ($valida == true){
25          $_SESSION["usuario"] = $usuario;
26          return true;
27      }else{
28          return false;
29      }
30
31  }
```

Neste arquivo estão armazenadas as funções que serão utilizadas pelo programa, elas foram nomeadas da forma mais intuitiva possível de maneira que não é difícil advinhar o que a função faz só de ler seu nome.

Com exceção do isset, você deve ser capaz de compreender todo os código acima. O isset serve para descobrir se uma variável existe ou não, se o resultado retornado for true, significa que sim, caso seja false, a variável não existe.

A função checaSeEstaLogado() faz muito bom uso do isset, onde se $_SESSION["usuário"] existir, significa que o usuário está logado. Em $_SESSION["usuario"] é onde o usuário ficará armazenado, como será visto em breve. A função retorna true caso o usuário esteja logado e false caso não esteja.

A função validaCredenciais() verifica se as credenciais do administrador do sistema estão corretas, retornando true caso estejam e false caso não estejam. Neste caso as credenciais serão:

Usuário: admin

Senha: 123456

fazerLogin() fica sendo responsável por chamar a validaCredenciais() para verificar se os dados estão válidos e apenas depois disso, preenche $_SESSION["usuario"] com o nome do usuário. A função irá retornar true caso o login se suceda e false caso não.

Agora crie um arquivo com o nome index.php e utilize o seguinte código:

```
1   <?php
2   session_start();
3   include("functions.php");
4   ?>
5   <!DOCTYPE html>
6   <html>
7       <head>
8           <meta charset="UTF-8">
9           <title></title>
10      </head>
11      <body>
12          <?php
13          if (checaSeEstaLogado() == true){
14              ?>
15
16              <p><b>Bem vindo <?php echo $_SESSION["usuario"]; ?>,</b></p>
17              <p><a href = 'dashboard.php'>Ir para seu dashboard</a></p>
18              <p><a href = 'logout.php'>Logout</a></p>
19
20              <?php
21          }else{
22
23              if (isSet($_POST["usuario"]) == true){
24
25                  $login = fazerLogin($_POST["usuario"], $_POST["senha"]);
26                  if ($login == true){
27
28                      echo "Você se logou com sucesso,
29                          clique <a href = 'dashboard.php'>aqui</a>
30                          para ir para o dashboard";
31
32                  }else{
33                      echo "Usuário ou senha inválidos";
34                  }
35
36              }else{
37                  ?>
38
39                  <form method = "post">
40                      <p>Usuário: <input type = "text" name = "usuario"/></p>
41                      <p>Senha: <input type = "password" name = "senha"/></p>
42                      <p><input type ="submit" value = "entrar"/>
43                  </form>
44
45                  <?php
46              }
47          }
48          ?>
49      </body>
50  </html>
```

O arquivo acima primeiramente checa-se se o usuário está logado, caso sim, ele terá uma tela de bem vindo utilizando a função escrita anteriormente, o nome do usuário também é exibido, caso o usuário esteja mesmo logado, esta informação já estará salva na session.

Caso o usuário não esteja logado, o sistema checará se o método POST está sendo utilizado, se ele estiver, isto significa que o usuário está tentando logar. Caso esteja, seus dados serão

42

validados e ele será logado se os dados forem válidos, se não forem, uma mensagem será exibida na tela informando.

Caso o método POST não esteja sendo utilizado e o usuário não esteja logado, isso significa que o formulário de login deve ser exibido para que o usuário possa executar o login.

Normalmente cada uma das coisas acima fica em um arquivo separado, mas para estimular a sua lógica eu fiz isso de propósito. Um excelente exercício após terminar este seria separar cada parte descrita acima em seu próprio arquivo. Lembre-se, você já tem conhecimento suficiente para isso agora!

Observe o código para o arquivo dashboard.php, cujo acesso é liberado após o usuário efetuar login.

```
1   <?php
2   session_start();
3   include("functions.php");
4   ?>
5   <!DOCTYPE html>
6   <html>
7      <head>
8         <meta charset="UTF-8">
9         <title></title>
10     </head>
11     <body>
12        <?php
13        if (checaSeEstaLogado() == true){
14           ?>
15
16           <p>
17              <b>Bem vindo <?php echo $_SESSION["usuario"]; ?>,</b>
18              <a href = 'logout.php'>Logout</a>
19           </p>
20
21           <p>
22              Lorem ipsum dolor sit amet, consectetur adipiscing elit. Etiam
23              accumsan sed urna id volutpat. Fusce vel dui velit. Aliquam
24              dapibus finibus leo, sed tincidunt diam venenatis imperdiet.
25              Integer accumsan justo in enim aliquam mollis. Nulla facilisi.
26              Vestibulum fringilla tristique risus, non sodales sapien
27              tempor vel. Pellentesque eu justo non leo imperdiet lobortis
28              ut gravida tellus. Pellentesque vehicula fringilla mauris ut
29              gravida.
30           </p>
31
32           <p>
33              Vestibulum malesuada tellus mi, id sodales purus gravida id.
34              Duis aliquet dictum risus, et ullamcorper mauris rutrum nec.
35              Nulla et pulvinar augue. Phasellus iaculis ut metus sit amet
36              ornare.
37           </p>
38
39           <?php
40        }else{
41           ?>
42
43           <p style = "color: red">
44              Você não tem permissão para visualizar este conteúdo
45           </p>
46
47           <?php
48        }
49        ?>
50     </body>
51  </html>
```

Apesar do arquivo acima ser relativamente grande, note que a maior parte é formada por textos ilustrativos e HTML.

A parte mais importante é a condição que checa se o o usuário tem ou não permissão de visualizar este arquivo. Utilizando a função checaSeEstaLogado() retorna o valor verdadeiro caso sim, e com isso, tudo que estiver nesta condição será exibido apenas para usuários logados.

44

Caso o usuário não esteja logado, uma mensagem informando que a página é restrita será exibida.

Utilizando esta página como exemplo você pode criar diversas outras com funções exclusivas para usuários cadastrados, como alterar a própria senha ou executar alguma função exclusiva no website. Sua criatividade é o limite.

Esta página também dá ao usuário a possibilidade de efetuar logout.

O código do arquivo logout.php é visto a seguir.

```
1    <?php
2    session_start();
3    include("functions.php");
4    ?>
5    <!DOCTYPE html>
6    <html>
7        <head>
8            <meta charset="UTF-8">
9            <title></title>
10       </head>
11       <body>
12
13           <?php
14           if (checaSeEstaLogado() == true){
15
16               session_destroy();
17               ?>
18
19           <p>
20               Você foi deslogado com sucesso, clique
21               <a href = 'index.php'>aqui</a> para voltar a página inicial.
22           </p>
23
24           <?php
25           }else{
26
27               ?>
28
29           <p>
30               Algum erro ocorreu, clique <a href = 'index.php'>aqui</a> para
31               voltar a página inicial.
32           </p>
33
34           <?php
35           }
36           ?>
37       </body>
38   </html>
```

Este arquivo checa se o usuário está logado, e caso esteja, destrói a sessão e dá uma mensagem de sucesso. Caso o usuário não esteja logado e esteja tentando deslogar, uma mensagem de erro é exibida.

Recomendo que você modifique esses arquivos ao máximo e tente aplicar todos os conhecimentos aprendidos até agora para praticar e fixar. Desafie-se!

BANCO DE DADOS

Este livro não tem como intuito entrar a fundo no ensino de banco de dados ou SQL, entretanto, o leitor terá proeficiencia no entendimento de bancos de dados e aprenderá a inserir, deletar e atualizar linhas em uma tabela no banco de dados, bem como fazer uso de um banco de dados que já esteja criado.

Nada do que eu falei acima fez sentido ou fez sentido parcialmente? Continue lendo. No entanto se você já é familiar com os conceitos de bancos de dados, não perca tempo, pule direto para o subcapítulo "PHPMyAdmin".

Genericamente falando, bancos de dados são formados de tabelas, que são formados de colunas e linhas, de modo superficial, uma coluna é muito similar a uma planilha no excel.

Imaginando um banco de dados para gerenciar uma empresa, exemplos de tabelas seriam: funcionarios, setores, vagas_de_emprego...

Bancos de dados, tabelas e colunas são nomeados sem caracteres especiais e normalmente com letras minúsculas, como no exemplo acima, foi utilizado o nome "vagas_de_emprego" ao invés de "Vagas de Emprego".

Já as colunas, ou atributos para a suposta tabela funcionarios, seriam por exemplo: "nome", "data_de_nascimento", "data_de_admissao", "salario". É uma boa prática ter uma coluna chamada "id" como chave primária.

Chaves primárias servem, grossamente falando, para ligar uma tabela a outra. Por exemplo, se a tabela departamentos tivesse um atributo "id", a tabela funcionarios poderia ter um atributo "departamento_id", desta forma poderia-se ligar o funcionário ao departamento ao qual ele pertence.

Confuso? Não se preocupe ainda.

Como são usadas como referência para conexões entre tabelas, as chaves primárias não podem se repetir, então também é uma boa prática fazer com que as ids sejam auto incrementáveis, ou seja, você não vai precisar digitar o id, o próprio banco de dados vai se encarregar de preencher pra você e ter certeza de que não existem repetições.

As linhas são os dados inseridos na tabela, por exemplo, as linhas da tabela funcionarios seriam cada um dos funcionários da empresa.

Veja o exemplo abaixo:

Tabela funcionarios

id	nome	data_de_nascimento	data_de_admissao	salario	departamento_id
1	Paulo Diniz	1991-04-14	2014-06-09	3000	1

Tabela departamentos

id	nome
1	Financeiro
2	Recursos Humanos

Graças ao departamento_id na tabela funcionarios e o id na tabela departamentos, conseguimos definir que o funcionário Paulo Diniz pertence ao departamento financeiro e não aos recursos humanos. Também é possível ter uma visão clara acima, do que são as colunas e as linhas.

Grande parte dos bancos de dados trabalham com uma linguagem chamada SQL (Structured Query Language), dependendo do banco de dados escolhido, podem haver variações da linguagem SQL, mas a essência é sempre a mesma. Em síntese, não importa se você escolhe MySQL, Postgres, SQL Server ou mesmo Oracle, você vai precisar do SQL. Os exemplos aqui mostrados são baseados em MySQL, visto que acompanha os servidores previamente indicados para instalação.

PHPMYADMIN

Se você instalou qualquer um dos servidores indicados no começo do livro, você deve ser capaz de acessar o PHPMyAdmin através do link http://localhost/phpmyadmin.

O PHPMyAdmin é um gerenciador de banco de dados que permite a criação de bancos, tabelas, bem como o gerenciamento dos bancos de dados.

Os próximos exemplos farão uso de um banco de dados chamado "aprendizado". Para criá-lo siga os passos:

1. Clique em "new" no canto superior esquerdo.
2. Nomeie o banco de dados como "aprendizado".
3. Clique em Create

Veja a ilustração:

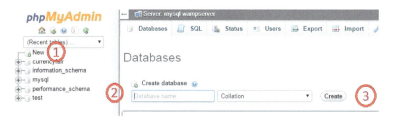

Após criar o banco de dados ele deverá aparecer na lista à esquerda, onde se localiza o número 1 na imagem anterior. Para listar as tabelas contidas no banco de dados, basta clicar no mesmo. Como ainda não foram criadas tabelas, o banco de dados deverá estar vazio.

Para criar tabelas, nomeie-a e informe o número de colunas que a mesma irá possuir, para este exemplo, 6, como representado na imagem a seguir:

Name:	funcionarios		Number of columns:	6	⬍

(Go)

Ao terminar pressione "Go".

Agora os dados de todas as colunas da tabela que está sendo criada devem ser informados. O mais importante aqui é que diferente do PHP, o tipo de dados nos bancos de dados SQL importam. Em resumo, uma coluna preparada para receber números inteiros não pode receber textos ou mesmo números com decimais. Uma explicação dos tipos de dados SQL pode ser encontrada em

http://www.w3schools.com/sql/sql_datatypes_general.asp

Acompanhe o exemplo:

No exemplo anterior, id está utilizando o tipo de dados "inteiro" enquanto o A_I (auto-increment, para garantir que um novo id será gerado para cada linha) está marcado e o index está marcado para primary (indicando uma chave primária).

O nome é um varchar (campo de texto curto), com sua lenght (ou número máximo de caracteres) marcando 50.

O salario é do tipo float, o que possibilita casas decimais.

A data_de_nascimento e data_de_admissao foram marcadas como do tipo date, ou data.

O departamento_id é apenas um número inteiro.

Esta é uma pequena introdução sobre banco de dados, o mínimo que você precisa saber para trabalhar com PHP/MySQL. Quanto ao tipo de dados, se parecer confuso, aconselho que no começo utilize int para os números e varchar para todo o resto. **Fazer isso afetará diretamente na qualidade da sua aplicação**, mas não trará danos visíveis à seus pequenos projetos enquanto aprende. Explorar o PHPMyAdmin pode ajudar a ter uma melhor compreensão de banco de dados como um todo.

CONECTANDO

Conectar-se ao banco de dados é relativamente fácil no PHP. O método mais fácil, *na minha opinião*, é o mysql_connect, entretanto o mesmo será removido ao longo das próximas versões devido sua baixa segurança. Então nos próximos exemplos, será utilizado o PDO para executar operações com banco de dados.

A sintaxe para conectar se a um banco de dados mysql utilizando PDO é a seguinte:

```
$bd = new PDO ('mysql:host=localhost; dbname=aprendizado; charset=utf8', 'root', '');
```

O termo localhost acima, deve ser substituido pela localização do banco de dados, no caso como estamos trabalhando em um servidor local, será localhost. O termo dbname serve pra especificar o nome do banco de dados, que neste caso se chama aprendizado. Charset específica a codificação dos caracteres, para este exemplo utf8 será utilizado. O primeiro termo depois da Vírgula, root, é o usuário do banco de dados, o segundo termo, que está vazio, é a senha. Por padrão os servidores indicados utilizam este usuário e senha, caso não funcione, tente utilizar root para ambos usuário e senha.

Em resumo, um banco de dados foi criado e o PHP agora é capaz de se conectar a ele.

Caso a sintaxe pareça estranha pra você, não se importe, pois PDO utiliza o conceito de orientação à objetos, que é diferente do modelo de PHP que está sendo ensinado. *Aconselho o aprendizado de PHP orientado a objetos assim que você estiver suficientemente familiarizado com o PHP, mas não se preocupe com isto agora, apenas memorizea sintaxe.*

INSERT

Como visto, nenhum código SQL foi utilizado para conectar ao banco de dados, o mesmo não se aplica aos próximos exemplos.

A síntaxe SQL para inserção de linhas no banco de dados funcionários é:

INSERT INTO funcionarios (nome, salario, data_de_nascimento, data_de_admissao, departamento_id) VALUES ('Eduardo', '3000', '1991-05-31', '2014-09-10', '2');

Para que o comando SQL acima seja executado no PHP, primeiro é preciso armazená-lo em uma variável. Siga o exemplo:

```php
<?php
$bd = new PDO ('mysql:host=localhost;
            dbname=aprendizado;
            charset=utf8',
            'root',
            '');

$sql = "INSERT INTO funcionarios
        (nome, salario, data_de_nascimento, data_de_admissao, departamento_id)
        VALUES
        ('Eduardo', '3000', '1991-05-31', '2014-09-10', '2');";
$bd->exec($sql);
```

Na linha 2 a conexão é estabelecida com o banco de dados, os dados do banco de dados sendo utilizado é salvo na variável $bd.

O comando SQL é armazenado na variável $sql e na linha 12 executado através do método exec.

A sintaxe pode parecer estranha no começo, mas aos poucos vai ficando mais familiar.

UPDATE

UPDATE funcionarios SET nome = 'Edward', salario = '3400' WHERE id = 1;

A sintaxe acima atualiza uma (ou mais) linha previamente inserida no banco de dados. No exemplo anterior, altera-se o nome para Edward e o salário para 3500 onde o id for 1.

DELETE

DELETE FROM funcionarios WHERE id = '1';

O código SQL anterior deleta todas linhas da tabela funcionário cujo id é igual a 1.

PROJETO DE EXEMPLO

Este projeto utiliza como base o exemplo de sessions estudado anteriormente. Neste projeto, o exemplo de login será integrado a um banco de dados, permitindo que usuários se registrem e posteriormente façam login no sistema.

Primeiramente é preciso incluir o arquivo database.php no topo dos arquivos index.php e dashboard.php, as primeiras linhas dos dois arquivos deve ser como exibido a seguir:

```php
<?php
session_start();
include("functions.php");
include("database.php");
?>
```

Agora é preciso criar o arquivo database.php, cujo código é visto a seguir:

```php
<?php
function conectar(){
    $bd = new PDO('mysql:host=localhost;dbname=exemplo;charset=utf8', 'root','');

    return $bd;
}
```

É preciso também adicionar um link para a página de registro na index.php, a seguir é possível ver o link inserido logo abaixo do form.

```html
<form method = "post">
    <p>Usuário: <input type = "text" name = "usuario"/></p>
    <p>Senha: <input type = "password" name = "senha"/></p>
    <p><input type ="submit" value = "entrar"/>
</form>

<p>
    Ainda não é membro?
    <a href = "register.php">Registre-se</a> agora.
</p>
```

É preciso ainda alterar a função validaCredenciais no arquivo functions.php para que as credenciais sejam validadas a partir de dados vindos do banco de dados.

```
12 □ function validaCredenciais($usuario, $senha){
13
14      $bd = conectar();
15      $resultado = $bd->prepare("SELECT * FROM membros WHERE usuario=? AND senha=?");
16      $resultado->execute(array($usuario, $senha));
17      $linhas = $resultado->fetchAll(PDO::FETCH_ASSOC);
18
19 □    if (count($linhas) > 0){
20          return true;
21 □    }else{
22          return false;
23      }
24
25 └ }
```

Repare que na linha 15, o usuario é igual a "?" e a senha também. Isso acontece pois através do método execute, na linha a seguir, as variáveis $usuario e $senha são passadas.

O código poderia ser reescrito desta forma:

$query = "SELECT * FROM membros WHERE usuario = '$usuario' AND senha = '$senha'";

Muito mais fácil e direto, entretanto ao escrever desta forma, não há proteção contra SQL Injection, uma forma muito comum de ataque a websites.

A página register.php precisa ser criada. O código é visto a seguir:

```php
1    <?php
2    session_start();
3    include("functions.php");
4    include("database.php");
5    ?>
6    <!DOCTYPE html>
7    <html>
8        <head>
9            <meta charset="UTF-8">
10           <title></title>
11       </head>
12       <body>
13
14           <h1>Registro</h1>
15
16           <?php
17
18           if (isSet($_POST["usuario"]) == true){
19
20               $usuario = $_POST["usuario"];
21               $senha = $_POST["senha"];
22
23               $bd = conectar();
24               $query = "INSERT INTO
25                           membros
26                               (usuario, senha)
27                           VALUES
28                               (?, ?)";
29               $resultado = $bd->prepare($query);
30               $result = $resultado->execute(array($usuario, $senha));
31
32               if ($result == true){
33                   ?>
34                   <p>
35                       Você foi registrado com sucesso! Clique
36                       <a href = "index.php">aqui</a> para fazer login
37                   </p>
38                   <?php
39               }else{
40                   ?>
41                   <p>Usuário em uso, por favor, tente novamente!</p>
42                   <?php
43               }
44
45           }else{
46               ?>
47
48               <form method = "post">
49                   <p>Usuário: <input type = "text" name = "usuario" required/></p>
50                   <p>Senha: <input type = "password" name = "senha" required/></p>
51                   <p><input type ="submit" value = "registrar"/>
52               </form>
53
54
55               <?php
56           }
57
58           ?>
59       </body>
60   </html>
```

Bem parecido com o login.php, primeiro checa-se se o método post está sendo usado, caso sim, tenta-se registrar, caso não, exibe-se a página de registro.

56

Note também um teste validando se o usuário foi inserido, neste caso, a causa mais provável é que o usuário já esteja em uso. *A validação utilizada não é a melhor, mas já é um começo.*

Agora o banco de dados para o exemplo acima precisa ser criado. Crie um banco de dados chamado exemplo e uma tabela com nome membros com a seguinte estrutura:

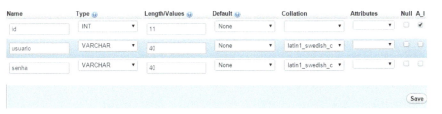

Parabéns! Agora você já deve ter um sistema que permite registro, login, logout e permissões. Você pode não perceber mas acabou de fazer uso de uma enorme gama de conhecimentos, sessions, arrays, banco de dados, funções e etc.

Se você ficou com dúvidas no exemplo anterior, boas notícias, vamos rever tudo neste exemplo com uma abordagem diferente. Se você entendeu tudo, parabéns, o próximo exemplo vai reforçar o aprendizado e lhe trará algumas novidades.

Neste exemplo um cadastro de automóveis será criado, os automóveis previamente cadastrados poderão ser visualizados, editados e excluídos.

Logo a seguir, está o código do arquivo cadastrar_1.php, que contém nada mais que puro e simples html apontando para uma página PHP chamada cadastrar_2.php

```
1    <!DOCTYPE html>
2    <html>
3        <head>
4            <meta charset="UTF-8">
5            <title></title>
6        </head>
7        <body>
8            <h1>Cadastrar carro</h1>
9            <form action ="cadastrar_2.php" method = "post"/>
10               <input type ="text" name = "modelo"
11                      placeholder = "Forneça o nome do carro"
12                      required = "required"/>
13               <br/>
14               <textarea name ="descricao"
15                      placeholder ="Forneça uma descrição detalhada do carro"
16                      required = "required"></textarea>
17               <br/>
18               <input type ="submit" value = "Cadastrar"/>
19           </form>
20       </body>
21   </html>
22
```

Logo abaixo, o arquivo cadastrar_2.php resgata os dados preenchidos no formulário através do método post, efetua uma conexão com o banco de dados através da função que será criada posteriormente chamada conectar e insere os dados no banco de dados. Após a inserção verifica se a inserção realmente ocorreu e exibe uma mensagem de sucesso ou de erro caso uma falha tenha ocorrido.

```
1   <?php
2   include ("funcoes.php");
3   ?>
4   <!DOCTYPE html>
5   <html>
6      <head>
7         <meta charset="UTF-8">
8         <title></title>
9      </head>
10     <body>
11        <h1>Cadastrar carro</h1>
12
13        <?php
          $modelo = $_POST["modelo"];
          $descricao = $_POST["descricao"];
16
17            $bd = conectar();
18
19            $query = "INSERT INTO
20                       carros (modelo, descricao)
21                       VALUES (?, ?)";
22
23            $preparando = $bd->prepare($query);
24            $resultado = $preparando->execute(array($modelo, $descricao));
25
26            if ($resultado == true){
27            ?>
28
29            <p>O carro foi adicionado com sucesso</p>
30
31            <?php }else{ ?>
32
33            <p>Algum erro ocorreu</p>
34
35            <?php } ?>
36     </body>
37  </html>
```

A imagem a seguir mostra o editar_1.php, que é similar ao cadastrar_1.php, entretanto, pré-popula os campos com os dados do carro.

```
1    <?php
2    include ("funcoes.php");
3
⚠    $id = $_GET["id"];
5    $bd = conectar();
6
7    $query = "SELECT * FROM carros WHERE id = ?";
8    $executar = $bd->prepare($query);
9    $executar->execute(array($id));
10   $resultado = $executar->fetch(PDO::FETCH_ASSOC);
11
12   ?>
13   <!DOCTYPE html>
14   <html>
15       <head>
16           <meta charset="UTF-8">
17           <title></title>
18       </head>
19       <body>
20           <h1>Editar carro</h1>
21           <form action ="editar_2.php" method = "post"/>
22
23               <input type ="hidden" name = "id"
24                   value ="<?php echo $resultado["id"]; ?>"
25                   required = "required"/>
26
27               <input type ="text" name = "modelo"
28                   placeholder = "Forneça o nome do carro"
29                   value ="<?php echo $resultado["modelo"]; ?>"
30                   required = "required"/>
31               <br/>
32               <textarea name ="descricao"
33                       placeholder ="Forneça uma descrição detalhada do carro"
34                       required = "required"
35                       ><?php echo $resultado["descricao"]; ?></textarea>
36               <br/>
37               <input type ="submit" value = "Cadastrar"/>
38           </form>
39       </body>
40   </html>
```

O arquivo editar_2.php funciona exatamente da mesma forma que o cadastrar_2.php

```php
<?php
include ("funcoes.php");

$id = $_POST["id"];
$modelo = $_POST["modelo"];
$descricao = $_POST["descricao"];

$bd = conectar();

$query = "UPDATE carros SET modelo = ?, descricao = ? WHERE id = ?";
$executa = $bd->prepare($query);
$executa->execute(array($modelo, $descricao, $id));

$resultado = $bd->query($query);

header("location: listar.php");
```

Abaixo o arquivo excluir.php

```php
<?php
include ("funcoes.php");

$id = $_GET["id"];
$bd = conectar();

$query = "DELETE FROM carros WHERE id = ?";
$prepare = $bd->prepare($query);
$resultado = $prepare->execute(array($id));

header("location: listar.php");
```

A seguir, o arquivo funcoes.php.

```php
<?php
function conectar(){

    $bd = new PDO('mysql:host=localhost;dbname=loja_autos;charset=utf8',
                  'root', '');

    return $bd;

}
```

O arquivo index.php é formado apenas por links para outras páginas.

```
1    <!DOCTYPE html>
2    <html>
3        <head>
4            <meta charset="UTF-8">
5            <title></title>
6        </head>
7        <body>
8            <h1>Loja de carros</h1>
9            <ul>
10               <li><a href = "cadastrar_1.php">Cadastrar um novo carro</a></li>
11               <li><a href = "listar.php">Listar carros</a></li>
12           </ul>
13       </body>
14   </html>
```

Por último, o arquivo listar.php:

```php
1   <?php
2   include ("funcoes.php");
3
4   $bd = conectar();
5   $query = "SELECT * FROM carros";
6   $resultado = $bd->query($query);
7   ?>
8   <!DOCTYPE html>
9   <html>
10      <head>
11          <meta charset="UTF-8">
12          <title></title>
13          <style>
14              table { width: 100%; }
15              th { background-color: #eee; }
16          </style>
17      </head>
18      <body>
19          <h1>Listar carros</h1>
20
21          <?php if (count($resultado) == 0){ ?>
22              <p>Nenhum carro encontrado nos registros</p>
23          <?php } else { ?>
24
25              <table>
26                  <tr>
27                      <th>ID</th>
28                      <th>Carro</th>
29                      <th>Descrição</th>
30                      <th>Ações</th>
31                  </tr>
32
33                  <?php foreach ($resultado as $carro) { ?>
34                      <tr>
35                          <td><?php echo $carro["id"]; ?></td>
36                          <td><?php echo $carro["modelo"]; ?></td>
37                          <td><?php echo $carro["descricao"]; ?></td>
38                          <td>
39                          <a href = "editar_1.php?id=<?php echo $carro["id"]; ?>">
40                              Editar
41                          </a> |
42                          <a href = "excluir.php?id=<?php echo $carro["id"]; ?>">
43                              Excluir
44                          </a>
45                          </td>
46                      </tr>
47                  <?php } ?>
48              </table>
49          <?php } ?>
50      </body>
51  </html>
```

Se você chegou até aqui, parabéns, você adquiriu os conhecimentos mais básicos de PHP e MySQL!

Caso tenham restado dúvidas sobre alguma parte do livro, ou qualquer coisa relacionada a PHP, acesse http://olamundo.eduardoleoni.com.br.

www.ingramcontent.com/pod-product-compliance
Lightning Source LLC
Chambersburg PA
CBHW041145050326
40689CB00001B/488